Easy Chinese

全新版華語 1

教學指引

編輯大意

一、本指引依據華語課本分冊編輯，共十二冊，供教師教學參考之用。

二、本指引體例分為兩部分：

㈠單元導讀：在教學指引增列單元導讀，以感性的筆調，引導進入大單元的核心。

㈡各課教學指引包括：

1. **聆聽與說話**：以趣味的遊戲帶動孩子學習語文的興趣；再以課文情境圖讓兒童練習說話，最後過渡到概覽課文。

2. **閱讀與識字**：讓學生提出詞語，進行詞義、字形的教學。

3. **閱讀與寫作**：藉著課文的深究，對話的練習，形式的深究，讓學生明白句子的結構，文章的結構。

4. **教學資料庫**：提供了習作解答參考，及相關的語文補充資料，供教師參酌使用。

三、本書所提供的教學流程與方法，只作示例參考；教師可掌握教材內容及意旨，並根據當地學生年齡、程度、學生學習時間做調整。

四、本書的國字注音依據教育部編印的「國語一字多音審訂表」，筆順則依據教育部編印的「常用國字標準字體筆順手冊」編輯而成。

五、本書如有疏漏之處，尚祈各校教師提供寶貴意見，俾供修訂時參考，謝謝您。

二　今天（ㄐㄧㄣ ㄊㄧㄢ）　昨天（ㄗㄨㄛˊ ㄊㄧㄢ）　明天（ㄇㄧㄥˊ ㄊㄧㄢ）　10

三　超級市場（ㄔㄠ ㄐㄧˊ ㄕˋ ㄔㄤˇ）　16

第二單元（ㄉㄧˋ ㄦˋ ㄉㄢ ㄩㄢˊ）　玩一玩字（ㄨㄢˊ ㄧ ㄨㄢˊ ㄗˋ）　22

四　好玩的字（ㄏㄠˇ ㄨㄢˊ ˙ㄉㄜ ㄗˋ）　24

第三單元　家人　40
七　我　42
八　哥哥　48
九　奶奶和爺爺　56
第四單元　春天　64
十　春天來了　66
十一　誰的耳朵好　74
十二　今天早上不一樣　80

總說

第一單元 數字

華語課本第一冊是採單元式教學和學習。全冊有四個單元共十二課，符合多數僑校教師意見之反映。每三課為一單元，在「字、詞、句、節、段或內容」上，為了反覆練習或認識有關的事物，三課之間都有連帶的關係。

本冊第一單元為「數字」，從簡單的筆畫開始認讀習寫中國字，以利兒童的學習能力與興趣的發展。第二單元是「好玩的字」，用圖畫來幫助兒童理解中國字的構成與趣味。其中，第四課是象形字，第五課是會意字，第六課是指事字。在語文活動中有深入淺出的引導，課文、語文活動的編寫用心極深。第三單元是「家人」，從「我」出發，到全家人情感的敘述，頗為生動有趣。第四單元是「新年」，讓人感受季節、年節的歡樂。

一、數字

教材說明	教學重點	教學建議
1.本課是一到十的數字。教材內容很簡單，在毫無壓力的狀況下給孩子一個好的開始。 2.語文活動第4頁，提供最簡單的繞口令，來增添學習效果。 3.語文活動第5頁，提供「四」和「十」的對話練習。 4.語文活動第6、7頁，提供數數的遊戲。	1.在習作上，寫國字的開始，以正確和興趣為主。所以，有數幾畫的題目。例如：五，第二畫是斜豎，第三畫是橫折，共四畫完成。 2.九，要先寫撇。再寫橫豎彎鉤。 3.寫中國字，橫畫可略斜上，千萬不要完全的水平，字才能運行更快更美。	1.請務必參考教學指引。指引的流程是由遊戲到聽、說、讀、寫。良好的教法，讓孩子有一個輕鬆有效的學習。 2.第一冊，我們希望降低孩子機械的抄寫作業，孩子能由多看、多聽、多說而自然的增加識字與說話能力。 3.請老師耐心的等待，好讓孩子對額外的第二外國語言，學得很快樂，願意學下去。

二、今天 昨天 明天

教材說明

1. 本課課文雖然只有三句話，但是結合前課的數字，發展出時間的概念。其中擴展的內容，又是最實用的生活經驗，讓學生反覆練習，加深印象。
2. 語文話動第10頁的對話練習，可靈活變化，加強使用的功能。
3. 語文活動第11頁，加深加廣數字的使用。
4. 語文活動第12頁和教學指引中有閱讀的補充教材，讓學生對昨天、今天、明天的概念更清楚。
5. 語文活動第13頁，加廣運用，讓學生知道每個月份的天數。

教學重點

1. 本課開始有生字的書寫。原則上每個字，讓學生習寫三次。至於造詞，學生如果可以自行造詞，就自行造詞，且可用注音符號代替沒教過的字。如果學生沒有造詞的能力，只需重複寫上面的詞即可。

教學建議

1. 本課的主要概念是：昨天、今天、明天的辨識。
2. 本課的主要句型：
「……是……」
「今天是星期幾？」

三、超級市場

教材說明

1. 本課課文內容有二句，一句是問句，一句是敘述句。在家裡可以常用到這二個句型。
2. 本課仍然延續學生對數字的概念，把數量跟金錢結合，基本上是學生重要的生活經驗。
3. 本課也出現了一些日常生活上常用的蔬菜、水果名稱。

教學重點

1. 教學指引中的「王老先生上超市」，是個有趣的語文遊戲，可增加學生的興趣與專注力。
2. 教師可利用語文活動一、二，讓學生多做說一說、對話練習等趣味化的活動。
3. 中國字中很多是單字相結合的字，習作中就有「木」字加「兆」、「利」、「市」、「子」變成他字的例子。
4. 「幾」和「多少」有時可互相替代使用，有時則不能。學生大約知道就可以了，不用確知哪些可以，哪些不可以。
5. 一的後面若是接第四聲時，可以念第二聲，其他都念第四聲。

第一課　數字

一、聆聽與說話

㈠語文遊戲：數字大集合

1.老師準備九張寫國字二至十的數字卡。

2.老師放一段音樂，小朋友隨音樂拍手、小跑。

3.音樂停，老師出示數字卡，小朋友隨數字卡的數目圍成圓圈，不成圓圈的小朋友就出局了。

（剛開始玩遊戲時，先數小朋友的總數。如果是二十四人，就先從二、三、八、四、六玩起，讓小朋友有成功的經驗，再玩十、五、七……把人數刷下。）

4.最後留下成功的小朋友可獲老師的獎勵。

㈡看圖說話

以提問方式，引導兒童就課文情境圖，用完整的句子回答問題。

1.問小朋友這裡有多少東西，讓小朋友回答。

2.利用教室的所有東西來問數字，例如：玻璃、鉛筆、黑板、書本、人……都可以拿來數。

例如：這裡有幾塊玻璃？學生回答：「五」即可。

二、閱讀與識字

(一)認讀國字的數字

1.先將一、二、三、四……十，十張卡貼黑板。
2.拼音讀這十個字。
3.老師將十張卡取下來，隨機抽一張，請學生指認。
4.請學生隨機念出老師抽出的數字卡。

(二)習寫國字

老師指導學生書空練習，順便也做一些說明。

1.**一**：寫平當然很好。但基本上國語課本的字是「楷體字」。楷體字與宋體字不同。宋體或黑體字的一，這一橫畫是平的。楷體字右邊略往上，這是因為楷體字是唐楷的印刷字體。手寫字要寫得好，寫得快，需要有兩個原則：

(1)**筆順對**：筆順對，才能順利運作到底。
例如：九：丿九。
例如：升：丿 𠂉 千 升。
看古人書寫的字，即可清楚辨別筆順的連貫性。

(2)**橫畫斜上**：楷、行、草書橫畫皆斜上，便於快速連貫而下。

2. **二**：上短下長。
3. **三**：二短一長。字外形成⏢。字由上往下寫。
4. **四**：字由左先寫，再往右發展；特別是㇆部分為一筆，整個字成扁平長方形□。
5. **五**：字成⏢形，第二筆畫是斜豎；這樣的筆順才能一筆一氣呵成。
6. **六**：此字外形成△。
7. **七**、**八**：二字皆成扁平長方形□□。
8. **九**：先寫撇丿，字才容易連貫。
9. **十**：字成◇。

三、閱讀與寫作

㈠練習朗讀

1. 練習語文活動第4、5頁。
2. 教師範念，學生指著念。
3. 讀熟後，可請學生分組對念，再單獨練習對話。

㈡玩遊戲

1. 教師教念語文活動第6頁。
   老師放一段音樂，音樂停止時；老師用手比出一個數字，例如：四。小朋友就四個人圍成一圈。圍不成圈的小朋友出來按門鈴。

2.學生分組念、個別念。

3.熟讀後，可玩此遊戲。

四、教學資料庫

㈠習作解答參考

1.習作A本㈠：4；4；2；2。

2.習作A本㈡：

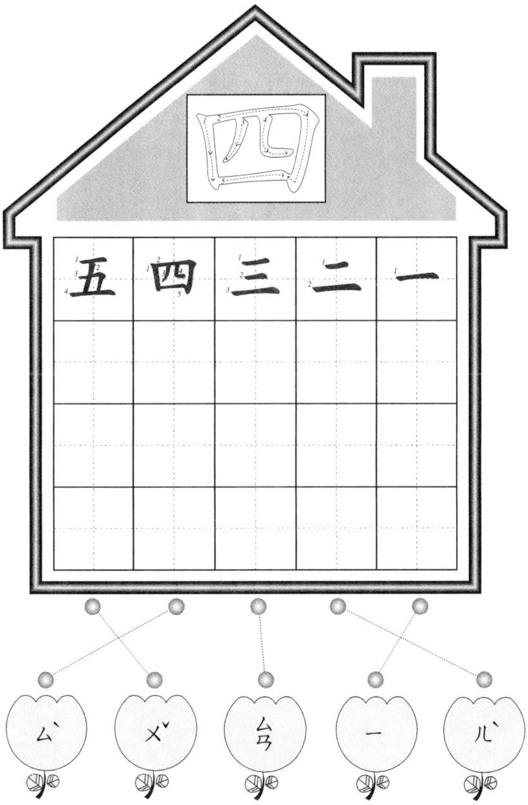

3. 習作B本(一)：

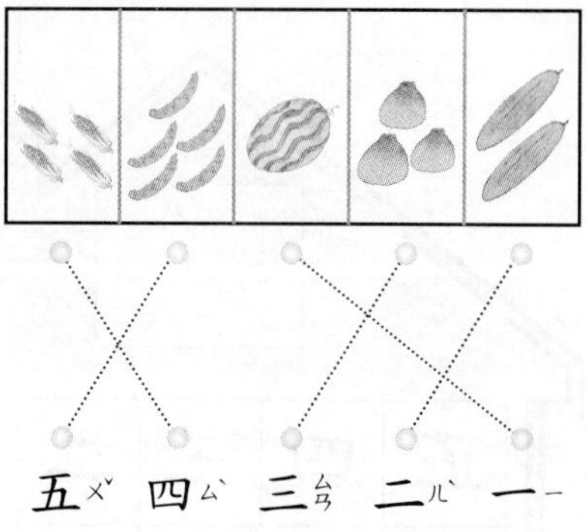

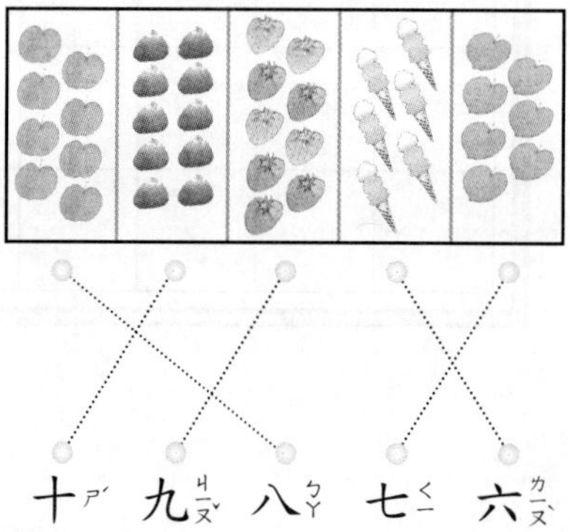

4. 習作B本(二)：

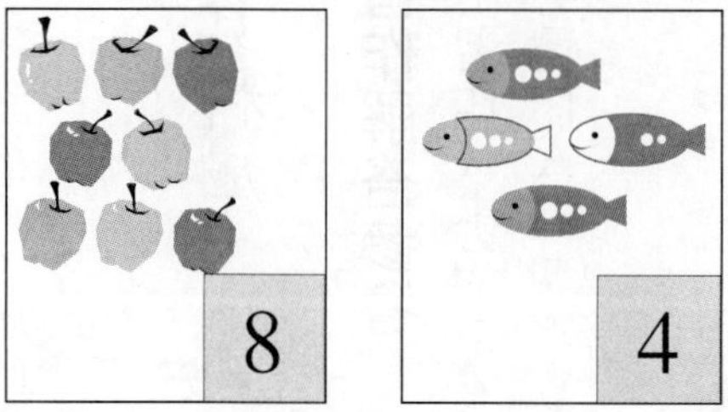

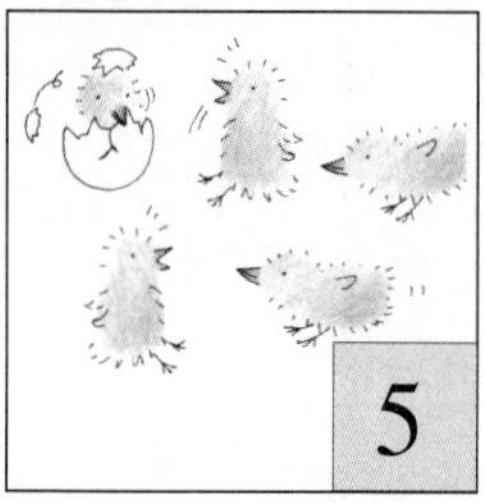

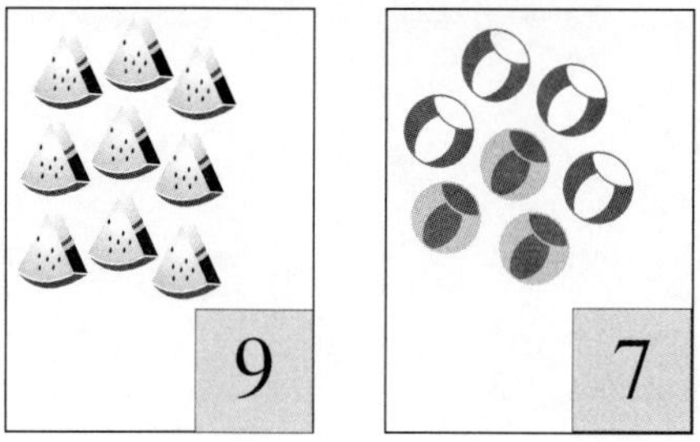

(二)補充資料

1.猜謎語：「上不在上，下不在下，天沒有它大，人有它大。」（猜一字：一）

2.猜謎語：「頭是一，腰是一，尾是一，其實不是一。」（猜一字：三）

3.猜謎語：「伍先生走了。」（猜一字：五）

4.兒歌：小皮球

小皮球、香蕉油，滿地開花二十一，

二五六、二五七，二八、二九、三十一。

5.兒歌：手戲歌（手配合詞做動作）

一拍手，二拍胸（交叉拍胸），三搓繩子，四拉弓，五摸摸頭，六咚咚，七吹喇叭（手握拳靠近嘴巴），八叭叭叭叭（手指做按鍵動作）。

6.遊戲：

一角，二角，三角形，四角，五角，六角半，七角，八角，九插腰，十角，十一角打電話。鈴——喂！喂！喂！你家姊姊在家嗎？不在家。嘰哩咕嚕打電話。

第二課 今天 昨天 明天

一、聆聽與說話

(一)語文遊戲：請你這樣做

1.本遊戲練習讓學生專注聆聽。

2.學生聽到昨天（雙手摸頭）、今天（雙手摸胸）、明天（雙手摸臀），這樣學生也可以有這三天發展的先後次序的概念，其對應是昨、今、明（頭、胸、臀）。錯的人算輸。

3.學生聽到星期一（單手抓頭髮）、星期二（單手比眉毛）、星期三（比眼睛）、星期四（比鼻子）、星期五（比嘴）、星期六（比牙齒）、星期日（握拳，表示休息）。

(二)看圖說話

1.以提問方式，引導兒童儘量用完整的句子回答。

(1)課本的圖是幾月？（九月）

(2)課本的圖是幾日？（二十五日）

(3)課本的圖是星期幾？（星期三）

(4)今天是幾月幾日？（今天是○月○日）

(5)今天是星期幾？（今天是星期○）

(6)昨天是星期幾？（昨天是星期○）

(7)明天是星期幾？（明天是星期○）

2. 教師準備一至三十一阿拉伯數字卡。

(1) 按順序教學生念一次。

(2) 抽卡，隨機請學生念。例：17，學生讀成十七。

二、閱讀與識字

(一)提出詞語

1. 請學生手指課文，逐句讀課文的三個句子。

2. 請學生分組念，個別念，教師可多鼓勵，適度指出共同的缺點。

(二)詞義教學

1. **今天**：現在的這一天。

2. **昨天**：過去的那一天。

3. **明天**：未來的一天。

4. **星期**：一個禮拜，一週的意思。有七天。

5. **是**：表示肯定。

6. 為幫助學生更明白詞義，可指導學生閱讀語文活動第12頁，讓學生明白這三天的次序及時間的長度。

(三)字形教學

老師指導學生書空練習，順便將重要概念跟學生說明。

1. **習寫字**：今（人部）　月（月部）

天（大部）　日（日部）

昨（日部）　星（日部）

明（日部）　期（月部）

是（日部）

2.今是人部。是二畫，乛，只有一畫，連著寫。

3.日、月兩個字的第二畫乛亅都要連貫寫，月，還要鉤。

三、閱讀與寫作

(一)內容深究

1.指導學生習寫本單元語文活動第11頁。

2.教導本單元語文活動第13頁。

(1)可念一念，並比一比。告訴學生，大月是三十一天，小月是三十天。二月比較特別，是二十八天或二十九天。本活動，還可紅白對抗玩遊戲。例如：老師說五月，學生左手伸出拳頭，右手指著無名指的關節說：大，31天。

(2)全班分為二組，老師發令，學生比賽，贏的次數最多的組獲勝。

四、語文資料庫

語文活動解答參考

1. 第10頁，視教學日而定。
2. 第11頁：二、四。五。六、六。七、三。十一、日。十二、一。

(二)習作解答參考

1. 習作A本(一)：4；9；4；5。
2. 習作A本(二)：昨天；數字；日曆；星期。
3. 習作A本(三)：六；一。
4. 習作B本(一)：昨；明；星。
5. 習作B本(二)：星；大。

(三)補充資料

1. 看日期的用品有日曆、週曆、月曆、季曆、年曆五種，其中日曆最方便兒童認讀。本課採用日曆，方便小朋友看圖說話。
2. 猜謎語：一天脫一件衣服，一年過去，全身脫光光。（猜一種每天用的東西：日曆）
2. 念兒歌：

(1) 日曆

日曆！日曆！掛在牆壁，一天撕去一頁。時間過得真快，使我心裡著急。

從今起：愛惜光陰，求學要努力。

日曆！日曆！掛在牆壁，一天撕去一頁。時間過得真快，使我心裡著急。

願大家：愛惜光陰，自強不息。

(2) 小手指

一二三四五，五隻小手指，
五隻在左，五隻在右，
請你數一數，一共有幾隻？

4. 生字補充資料：

(1) 月：古人寫月，是寫彎彎的弦月。

唱詩歌：月亮圓圓，像小盤；
月亮彎彎，像小船，
坐船上天去玩玩。

(2) 日：古人寫成⊙，是太陽的形狀。中間一點是黑點，現代科學家稱之為太陽黑子。

(3) 星：和星有關的詞語是星星、星月、星期、明星。

(4) 期：日期是指發生在某一件事情的特定日子。

(5) 明：和明有關的詞語有明天、明日、明月、明星。

(6) 昨：和昨有關的詞語是昨日、昨天。

(7) 日曆，是每天都表示日期，一天可撕去一張的一種用品。

第三課 超級市場

一、聆聽與說話

(一)語文遊戲：報數比賽

1.全班圍成一個圓圈，開始報數，由一報到一百。不管人數多少，可重複報，報對一次得一分。
2.第二輪報數時，是十個一報，報對的得一分。
3.第三輪報數時，是五個一報，報對的得一分。
4.累計個人報對之分數，優勝者給予鼓勵。

(二)說話遊戲：王老先生上超市

1.女生扮演王老先生，男生扮演老闆，老師扮演導演，做旁白及主導的工作。
2.老師先張貼或寫板書詞語：李子、梨子、南瓜、西瓜四種附上圖片的語詞。
3.老師準備一個透明塑膠桶，內置從零到十的阿拉伯數字球。
(可用乒乓球寫上數字)
4.老師說：王老先生上超市。
女生扮演王老先生，指著圖與語詞卡問：梨子一個多少元？

（老師從桶中抽出二顆球，表示價格，例如35，即是三十五元）

男生答：梨子一個三十五元。

5.依次練習，可以角色互換。

二、閱讀與識字

(一)提出詞語

1.請老師指導學生練習語文活動第16頁。

2.請學生試著練習念念看。

3.老師示範並修正學生的讀音。

4.請學生分組念、個別念。

5.讓兒童就課文提出語詞，教師補充，由師或生將語詞提示於黑板上。

(二)詞義教學

1.**李子**：用圖片示意。

2.**一盒**：用圖片示意。

3.**多少**：是問數量的詞，用例句示意。你有多少錢？

4.**元**：是錢的單位。用例句示意。這是十元。

5.**梨子**：用圖示意。

6.**南瓜**：用圖示意。

7.**西瓜**：用圖示意。一年生草本植物，果實水分多、味甜。

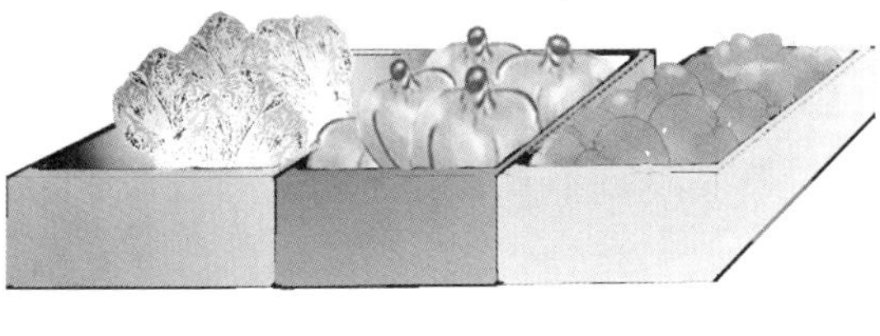

8. **超市**：超級市場的簡稱。是和傳統市場不一樣，所有的食品、日用百貨等，分類放在架上，顧客自己拿，再到出口處付錢，是一種自助式的服務商店。

㈡字形教學

老師指導學生書空練習，並將重要概念跟學生說明。

1. **習寫字**：市（巾部）　元（儿部）
   李（木部）　南（十部）
   子（子部）　瓜（瓜部）
   多（夕部）　梨（木部）
   少（小部）　西（襾部）
2. **認讀字**：超（走部）
   級（糸部）
   場（土部）
   盒（皿部）
   個（人部）
3. **李**、**子**，二字的外形都是長型的字。
4. 「**西**」是扁型的字。西雖是襾（音ㄒㄧㄚˋ）部，襾部的字都寫成**覀**，例如要、覃。西的第五畫習慣上寫成乚和一般襾部的字寫成豎畫不一樣。因此「西」和「栗」要分清楚。

三、閱讀與寫作

(一)內容深究

1. 試讀與寫本單元語文活動第16、17頁。各種水果及蔬菜的價格，可由學生自由發表。
2. 試讀本單元語文活動第18頁。「幾」和「多少」有時可替換，有時不能。只有在有順序的時候才不能替換。
3. 試讀本單元語文活動第19頁。「一」只有在第四聲和輕聲時念第二聲。學生大概了解這個語文規律即可，不必讓學生反覆操作到學會為止。

四、教學資料庫

(一)習作解答參考

1. 習作A本(一)：

2. 習作A本(二)：

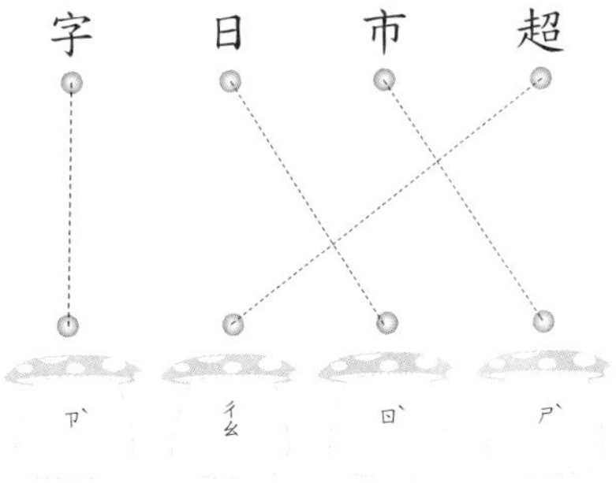

3.習作A本㈢：多。
4.習作B本㈠：梨；李。
5.習作B本㈢：西瓜；星星；南瓜；李子；梨子；月曆。

㈡補充資料

1.猜一猜：
(1)身穿綠衣裳，常常滾黑條，肚子有紅也有黃，生的孩子多，個個小又黑。（猜一種水果：西瓜）
(2)一天脫一件衣服，一年過去，全身脫光光。（猜一種每天用的東西：日曆）

2.念兒歌：
七個仙女來摘果
一二三四五六七，
七個仙女來摘果，
什麼果？
桃、李、橘、柿、梅、柚、梨。

3.念兒歌：
愛管閒事多吃屁，少管閒事少淘氣。（小朋友的話，有些不雅，但很傳神，也有些趣味！）

第二單元 玩一玩字

總說

中國的文字有一些基本的造字原則，如果你了解這些原則，會幫助你容易學習認讀中國字；這也是大量識字的一個有效策略。其實，文字學雖然有一些複雜；但是其中重要的、根本的原則要掌握也不難，端看編著教材的人如何巧妙的運用，來讓學生能了解，進而欣賞、熱愛中國文字。本單元只要學生玩一玩，不需要了解六書的原理。透過造字的原則，也突顯了正體字和簡體字的不同，在於前者可以用統整的原則讓孩子了解更多的字，而簡體字失去了這個優勢。

本單元，第一課用圖畫與文字結合，很清晰的給兒童一個概念：原來有些中國字跟圖象是如此的接近。接著，用連連看的方式，教導學生學習的重要方法之一：猜測。在圖、篆字、文字中引出兒童的學習興趣。

第一課主要強調的是象形字，第二課用二個字：沙和妙穿針引線出「會意字」的原則。第三課用「上」「下」「左」「右」這四字來解釋「指事字」，語文活動中的加強與補充，都可以讓孩子有一些「指事字」的概念。有了這些語文遊戲，老師讓孩子玩一玩，玩過就好，老師請放輕鬆。

四、好玩的字

教材說明	教學重點	教學建議
1.本課課文雖只有兩句，但從圖中可發現：人、木、牛、山、水、魚、田、鳥、馬等字。 2.這些字都是「象形字」。象形字就是根據自然界的人、物的圖象畫出來的字。 3.語文活動第22、23頁，利用圖、篆字、文字，讓學生連一連，學生可猜會許多字。 4.語文活動第24頁，讓學生明白字的演變。	1.可利用「這是……」「那是……」讓小朋友練習課文中的所有生字。 2.本課文的重要句子：「這是……」「那是……」。前句，表示距離近；後句，表示距離遠。 3.語文活動第25頁的對話練習，老師可改變內容，讓學生更熟悉句型，並可將「這」改為「那」。 4.中國字有時候多一筆，少一筆都會有所改變，在習作B本㈠，都可以讓孩子邊學邊說。	1.在習作A本㈠，放大了那、田、馬，三個字的筆順，強調筆順的重要性。

五、沙和妙

教材說明

1. 本課只有二句話，介紹沙和妙。
2. 沙和妙相同的是都有一個「少」字，其他的部首：「水」和「女」表示它的屬性。
3. 語文活動第28頁，是用最淺白的文字介紹「會意字」的含義，讓學生可以明白什麼叫做「會意字」。
4. 語文活動第30頁，讓學生從對話中去分辨「一樣」「不一樣」。

教學重點

1. 學生已經有「象形字」的概念了。本課進一步讓學生明白：兩個字或兩個以上的字組合成新的字，是會意字。會意字的重點是藉字的會合來明白新字的意思。新產生的字和舊字的意思有相關，聲音和舊字不一定有關係。
2. 習作上有意思相反的字，和詞，教師可以進行此一重要概念的教學。

教學建議

1. 語文遊戲：美女在哪裡，可用遊戲複習此舊語詞，建議老師多利用。
2. 本課文出現的「粒」字，在字的外形也希望學生注意到米和立不要寫成一樣長。粒是一個左長右短的字。
3. 請參考第九課語文活動第55頁，有早、明、是三個會意字。

六、上下左右

教材說明

1. 本課利用上、下、左、右的方位概念，來編寫課文。
2. 本課課文呈現的方式是一種簡單的看圖說話。
3. 本課語文活動第34頁，用看圖說話的方式來練習句型。同時連結語文活動第35頁的閱讀，幫助學生了解「指事字」的意義。
4. 語文活動第36頁的對話練習，是指事字：「小」的說明，藉著師生的互動式對話加強指事字的概念。
5. 語文活動第37頁，用圖像和文字來幫助學生理解「天」字。

教學重點

1. 象形字和指事字最大的不同，前者是根據具體的物來描繪，進一步變成字；後者是根據抽象的「觀念」來表示，進一步變成字。指事字簡單的說，也可以說是：指出事情的字。
2. 本課的文體是說明文，說明一副圖的內容。
3. 主要的句子為「……有……」「……的」「那裡……」「哪裡……」
4. 量詞的介紹，如：一匹馬、一頭牛、一個人、一朵花。

第四課 好玩的字

一、聆聽與說話

(一)語文遊戲：跟我一起畫

1.每一個同學準備一支筆和一張作業紙，把紙橫放。

2.跟著老師一起畫。老師在黑板上邊說邊畫山。然後，再畫河水，再畫條魚，右邊畫樹木，樹下有一個人，左邊有一匹馬。

3.再畫一樣東西，是小朋友會畫也會用華語說的物品。

4.老師指著圖問：（請由左而右，由近而遠）

(1)這是什麼？（這是馬。）

(2)這是什麼？（這是魚。）

(3)這是什麼？（這是人。）

(4)這是什麼？（這是樹木。）

(5)那是什麼？（那是山。）

(6)你畫了什麼？（我畫太陽、田、牛、鳥……）

二、閱讀與識字

㈠識字

1. 告訴兒童這一課有大量的字，都是象形字。象形字是中國人的一種造字方式。字很像是畫圖，造字的人根據東西的形狀來發明文字。
2. 猜字：請翻開語文活動第22頁，讓學生來猜猜字。用鉛筆連連看，看學生做對了沒有。

口（ ）、目（ ）、羽（ ）、鳥（ ）、木（ ）
火（ ）、月（ ）、瓜（ ）、雨（ ）、女（ ）
鼠（ ）、牛（ ）、人（ ）、田（ ）、耳（ ）
山（ ）、舟（ ）、日（ ）、水（ ）、禾（ ）

㈡字形教學

老師指導學生書空練習，並將重要概念跟學生說明。

1. **習寫字：**這（辵部）　木（木部）
馬（馬部）　鳥（鳥部）
那（邑部）　水（水部）
山（山部）　魚（魚部）
人（人部）　田（田部）
牛（牛部）
2. **認讀字：**玩（玉部）
3. 習寫習作A本㈠，用手跟著寫一寫。本活動生字是提醒小朋友注意筆畫。

4. 閱讀本單元語文活動第24頁。
(1)先請學生默念、試念，再由老師範念。
(2)讓男女生對念。
(3)請學生一組一組對念。
(4)鼓勵學生不看書而能背念。
(5)請小孩回家和家人練習對念。

5. 閱讀本單元語文活動第25頁。

三、閱讀與寫作

(一)內容深究

1. 請學生試寫習作A本(二)，上面的答案是牛、人、木、水。下面的答案是鳥、山、日、田。
2. 問學生為什麼有「這」和「那」的區別。這，是指比較「近」的地方；那，是指比較「遠」的地方。但「遠」和「近」不是「絕對」觀念，是「相對比較」的觀念。例如指一個坐得比較近的小朋友，和坐得比較遠的小朋友，讓學生仿說：「這是李四九，那是馬西田。」

四、教學資料庫

(一)習作解答參考

1. 習作A本(二)：牛；人；木；水；鳥；山；日；田。

2. 習作B本(一)：①禾↓木；②子↓了；③大↓人。

3. 習作B本(二)：①小↓少；②烏↓鳥；③大↓天、太、夫。

4. 習作B本(三)：西瓜；李子；星星；
沙子；木人；水鳥。
七；九；八；十；這；那。

(二)補充資料

1. 象形字是具體的圖象，指事字是抽象的意念。指事字較困難，放到最後面。字再加字，會變成會意字。字加音符（表達聲音的字），就會變成形聲字。懂了這四個簡單的造字原則，可幫助學生大量識字。

2. 參考用書

(1)正中形音義綜合大字典，正中書局

(2)古籀彙編（徐文鏡編纂），臺灣商務書局

(3)金文編金文續編（洪北江主編），樂天書局

(4)說文類釋（李國英著）

(5)辭典部首淺說（蔡信發著），漢光文化事業公司

(6)部首字形演變淺說（王志成、葉紘宙著），文史哲出版社

(7)文字連環炮（秦麗玉著），高雄復文圖書出版社

(8)有趣的中國文字（陳正治著），國語日報出版社

3. 選字及釋字說明

秦始皇統一文字，將文字定型、整齊化後，中國文字就變成比較固定的方塊文字。漢許慎著的說文解字，也成為文字至尊。但清末出土大量的龜甲、牛骨文字，以及大量的鐘鼎文，讓文字學家的考

據工作更是如火如荼的展開。對於許慎的解說，也開始有更多的質疑。同是一個文字，各家說法不一。以「父」來說，有人認為是合體象形。字从又，持一物。「物」有學者認為是火把；有認為是主（主）；燈上的火；有認為是木棍。也有學者認為「父」是从又持丨，丨是上下可通也。是個指事字，因此字加字，父就成為一個會意字，對兒童言，文字愈接近圖畫愈有趣味。因此，作者在編寫教材，常從幾十到上百個大篆找到接近文字又有趣的字來說明。如果用許慎的說文解字來解說文字，對兒童而言，沒有必要；也變得狹隘。

第五課　沙和妙

一、聆聽與說話

(一)語文遊戲：少女在哪裡

1.老師準備幾張詞卡：「女人」、「少女」、「石粒」、「沙粒」、「水牛」、「山鳥」、「小馬」。請一個小朋友站到教室後，蹲下來矇著眼。

2.拿出一張詞卡。請小朋友一起大聲念：「少女」。老師問：「少女在哪裡？」願意當少女的小朋友舉手。

3.猜的小朋友起立，全班一起拍手，說：「少女在這裡。」聲音的大小隨小朋友離少女的距離而改變。猜的小朋友有三次機會，猜對換人，沒猜對再給一次機會猜別的詞卡。

(二)看圖說話

1.這是什麼地方？（這是海邊。這是海灘……。）

2.海灘上會有什麼人？（海灘上有大人、小孩、男人、女人、男孩、女孩……，學生自由回答，愈多愈好。）

3.她是個什麼樣的女孩？（她是個少女。）

4.沙灘上一粒一粒的東西是什麼？（一粒一粒的是小沙粒、小石粒。）

二、閱讀與識字

㈠提出詞語

1. 請學生默念課文。
2. 請學生試讀，分組齊讀、個別讀。老師可加以修正，使學生讀得更正確。美少「女」，女字第三聲，又在句尾，請學生將聲音拉長。
3. 讓兒童就課文提出語詞，教師補充，由師或生將語詞提示於黑板上。

㈡詞義教學

1. **沙：**用實物示意。並指導學生看本單元語文活動第28頁。

   沙，是水和少合起來的字。水很少就可以看到水中的小石子。所以，沙是水中的小石子。由兩個字合起來讓我們明白新的意思，這樣造出來的字，叫做「會意字」。

   （沙和砂的分別：沙是會意字，砂是形聲字，二者都有小石粒的意思。二字常常通用，但有時候不能通用。「沙」用在：沙漠、沙灘、沙丁魚、沙拉、沙皇時，不能用「砂」。）

   以上供教師參考，教學時不用教。
2. **妙：**美好，很好的意思。妙是個會意字。年紀小的女人，也就是二八少女（十六歲），是女人最美好的時候。故「少」「女」合起來就有「美妙」的意思。
3. **小石粒：**拿各種不同的石粒給孩子看。「小」也是一種相對比較的觀念。粒，是小的固體。
4. **個：**單位詞。數東西、動物的詞語。
5. **少女：**年紀輕的女人。約十五、六歲左右。
6. **和：**一起的意思。用例句法示意。我和你。沙和妙。書和筆。

㈡字形教學

老師指導學生書空練習，並將重要概念和學生說明。

1. **習寫字：**沙（水部） 石（石部）
和（口部） 粒（米部）
妙（女部） 個（人部）
小（小部） 女（女部）

2. 米是長形的字，立是稍短小的字。粒，這個字的外型可寫為。小、女，是筆畫少，且封閉的字，可寫小一點。大，是開放的字。字寫起來比較大。

三、閱讀與寫作

㈠練習朗讀

1. 教讀本單元語文活動第30頁：老師教小朋友試讀，熟讀，再給小朋友一些時間練習。最後請小朋友三人一組，扮演老師、男生、女生，做對話練習。表現好者，給予鼓勵。
2. 讀一讀習作A本㈠：
(1) **砂鍋：**用石頭做成的鍋。鍋要薄，所以有少的意思。
(2) **鈔票：**錢。鈔，最古的時候是紙幣，是小錢。
(3) **白紗：**是透明，很薄的白色布。所以和少與糸有關。
3. 讀一讀習作A本㈢：意思相反的字。
(1) 男與女 (2) 這和那 (3) 多與少 (4) 大與小。

四、教學資料庫

㈠習作解答參考

1. 習作A本㈡：粒。
2. 習作A本㈢：女—男；這—那；少—多；小—大。

㈡補充資料

1. 尖，是會意字，由小和大合起來。
2. 會意字和形聲字都是由二個以上的字合起來。但不同的是：會意字和聲音無關，形聲字和聲音有關。早和明是會意字。
3. 沙和砂的用法：「沙」和「砂」，有時候可通用。例如：沙（砂）眼、沙（砂）金。但是沙漠、沙灘、沙拉、沙丁魚，不可用「砂」。

第六課 上下左右

一、聆聽與說話

(一)語文遊戲：請你摸一摸

1.老師說口令，學生比動作，做錯的出局。
2.老師的口令如下：
(1)伸出左手（右手、左腳、右腳）
(2)左手摸右手（右腳、左腳）
(3)右手摸左手（左腳、右腳）
(4)右手摸頭。（左手摸頭）
3.做對的給予獎勵。

(二)看圖說話

以提問的方式，引導兒童就課文情境圖用完整的句字回答問題。
1.圖畫中有什麼東西？（圖畫中有山、白雲、水田、牛、馬、鳥。）
2.山上有什麼東西？（山上有白雲）
3.山下有什麼東西？（山下水田）
4.水田的左邊有什麼東西？（水田的左邊有一頭牛。）
5.水田的右邊有什麼東西？（水田的右邊有一匹馬。）

6.水田有什麼東西？（小鳥在上頭飛來飛去。）

7.小朋友有什麼問題？

㈢概覽課文

1.學生安靜看一遍課文。

2.教師範讀一遍課文。

3.教師領讀課文。

4.兒童試讀課文（齊讀、分組讀、個別讀、輪流讀幾句都可）

5.兒童試說大意。

二、閱讀與識字

㈠提出詞語

1.兒童舉手提出本課語詞，教師補充並將所有語詞書寫在黑板上。

2.教師範念後，再領念並矯正發音，兒童可全體念，分組念，個別念。

㈡詞義教學

1.**山上**：山的上面。上，是指事字。參考本單元語文活動第35頁。

2.**有**：用例句示意。例如：我有書。把書放下，手空空時，可以說：我沒有書。

用「有」和「無」相反來說明。

有，形聲字。，手拿肉表示有。，是右手，寫成ナ，是「有」字的聲符。

3. **白雲**：白色的雲朵；可用圖示意。
白，，象形字，像一顆米粒。米色是白的，所以引申為白色的意思。

4. **山下**：山的下面。用圖示意。

5. **水田**：田是種稻的地方，需要水，所以稱水田，用圖片示意。

6. **左邊**：用動作示意。左，古文是，表示左手，後來才又加上工。左，是個會意字。工，是幫助手做工，所以也有佐理的意思。

7. **右邊**：用動作示意。右，會意字，右手加口，手口相助，右和佑字相通。

8. **頭**：計算的單位。例：一頭羊、一頭牛。

9. **匹**：計算的單位。用詞語示意：一匹馬，一匹（ㄆㄧˇ）布。

10. **前前後後**：有時在前，有時在後的意思。可用例句示意。

11. **飛來飛去**：飛，可用手臂揮動來示意。飛是個象形字。，字象鳥頭伸長，並張開翅膀的動作。
飛來飛去，是到處飛的意思。

㈢字形教學

1. **習寫字**：
上（一部） 白（白部）
下（一部） 雲（雨部）
左（工部） 匹（匸部）
右（口部） 前（刀部）
有（月部） 後（彳部）

2. **認讀字**：
的（白部） 飛（飛部）
邊（辵部） 來（人部）
頭（頁部） 去（厶部）

三、閱讀與寫作

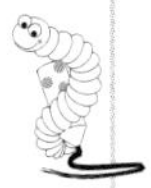

㈠內容深究

1.引導兒童就課文內容回答問題。（這裡有牛、馬、鳥。）

2.這裡有什麼風景？（教師指白雲、山、水、田，來暗示小朋友）（這裡有山、有水、有白雲……）

3.水田的左邊有什麼？（水田的左邊有牛。）

4.水田的右邊有什麼？（水田的右邊有馬。）

5.牛在馬的哪一邊？（牛在馬的右邊。）

6.馬在牛的哪一邊？（馬在牛的左邊。）

7.小鳥在哪裡飛？（小鳥在水田或水牛上面飛。）

8.小鳥怎麼飛？（小鳥前前後後的飛來飛去。）

㈡練習朗讀課文

1.老師領念課文。

2.指定小朋友念，分組念。

3.鼓勵小朋友回家念給家人聽或是和家人一起念，並給予機會上臺念給大家聽。

㈢形式深究（僅供教師參考）

1.章法：

(1)本課的**文體**是說明文。說明一幅畫的內容。

(2)**主旨：**作者利用一幅畫來說明上、下、左、右、前、後的概念。

2.句子：

(1) ……有……

山上有白雲。
山下有水田。
有一頭牛。有一匹馬。

(2) ……的……

水田的左邊。
水田的右邊。

(3) ……前前後後……（參考習作B本㈡）

小牛前前後後的走。
小鳥前前後後的飛。
小馬前前後後的跑。

(4) 那裡……（參考習作A本㈢）

那裡有鳥，那裡有人。

(5) 哪裡……

哪裡有鳥？哪裡有人？

3. 詞語練習：

(1) 英文無特定的單位詞，中文卻有不同的單位詞。如：一匹馬。一頭牛。一個人。一朵花。一朵雲。

(2) 指導習作A本㈠：上、下、左、右、前、後，可以接「面」、「方」、「邊」讀一讀。

4. 本單元語文活動可以讓學生讀一讀，以明白「指事」的字。學生熟悉後，可以分組做對話練習，做得好的並給予鼓勵。

四、教學資料庫

㈠習作解答參考

1.習作A本㈡：右；左；前；後。

2.習作B本㈡：小牛；小馬。

3.詞語說明：

①上上下下：一下子上，一下子下的意思。

②多多少少：有一些的意思。

③前前後後：一下子在前，一下子在後。

④左左右右：左右兩邊。

⑤明明白白：強調很清楚，很明白的意思。

⑥日日月月：表示每一天的意思。

㈡補充資料

象形字和指事字不同。象形字是具體的圖像；指事字是抽象畫，只是一個「意思」而已。以象形字：牛、大、木都是具體的形。而「牟」「夾」「本」都是指事字。牟，是牛叫時從口中發出的聲音。用「ᘐ」來表示。夾，是大字，加上二個「∧」，「∧」是指腋下有東西，人用手把東西「夾」在腋下，就生現「夾」這個指事字。木，是樹木，在木的下方點一點，就是指樹木最根「本」的地方。所以，「牟」、「夾」、「本」，都是象形字加上一個意思，變成的指事字。

第三單元 家人

總說

本單元用兒歌的方式，編寫「我」、「哥哥」、「奶奶和爺爺」三課。這三課先讓兒童從自我介紹，到認識家人，到家人相處和樂融融的情況，兒歌活潑俏皮，淺白易學。

本單元也利用生字中的「爸」「媽」「姐」「奶」等字，做形聲字的說明。形聲字是指文字用「**形符**」——形狀、外表等文字意涵，再加上「**聲符**」——表示這個文字的聲音，來創造文字。文字中最多數的文字是用此原則創造文字。學生學會此原則，對於大量識字就提供了便捷的策略，學生可利用已學會的字，拼讀新字。

本單元也提供了問好的四種方式：早安、午安、晚安、再見。在生活上的使用非常的便利，讓學生自我介紹，從圖畫字典中認識各種人稱，對學生生活會話的使用，有掌握原則，靈活運用的功能。

七、我

教材說明

1. 本課利用淺易的文字教小朋友做自我介紹。
2. 自我介紹名字的方式，在語文活動第40頁中提供了四個方法，學生可以練習說一說，寫一寫自己的名字。
3. 語文活動第41頁也利用對話的方式，讓孩子介紹自己和家人。
4. 本課中介紹會意字：父。介紹形聲字：爸、媽、姐、妹、奶、爺、爹，都是稱謂詞，也都是形聲字。

教學重點

1. 學習自我介紹名字的方式。
2. 語文遊戲的目的是要幫助孩子能勇敢的大聲說話，是個不錯的教學策略。
3. 本課重要句子是「……大我……」、「我的名字是……」。
4. 本課的結構，教孩子介紹自己，可以先說自己的事，再說家人的事，最後說說自己和家人的關係。

教學建議

1. 可將補充資料猜字謎，給孩子猜一猜。
2. 在生字方面，若有時間，可介紹生字的外型，如「久」是個三角形，「叫」是個左短右長的字，「名」是個三角形的字。

八、哥哥

教材說明	教學重點	教學建議
1.本課利用「哥哥」的俏皮個性，編寫出淺易的生活問候語。 2.語文活動第46頁利用生活對話，複習舊教材，並學習新的稱呼與問候方式。 3.語文活動第48頁，利用幾個名詞，結合動詞與補語，變化出很多句子。在學習活動進行時，不一定要連起來，只要讓學生試著口述即可。 4.在習作A本(一)，也讓學生明白寫字的順序的原則是什麼。 5.習作上出現成語，是讓孩子嘗試了解中國語文的特質。不需要刻意強調。	1.本課的文體是兒歌。 2.本課讓學生學習稱謂詞與問安的方式。 3.本課習作上有語詞：不多不少、不長不短、不早不晚、不胖不瘦等詞，學生從語句中充分了解「不」字的使用方式。雙否定等於肯定。	1.安是個會意字，可補充說明給孩子了解。家中有一個女人就會很平安。

九、奶奶和爺爺

教材說明	教學重點	教學建議
1.本課文體是兒歌，描述家人互動、和樂融融的情形。 2.在圖畫詞典中，將稱謂詞統整於表中，便利孩子記憶。 3.在語文活動第54頁中，讓學生嘗試寫一寫，並學習寫一詞，用口造句。 4.複習日部裡幾個「會意字」：明、早、是。	1.本課的重要學習句子有：「……扶……」，「……走來……」，「……不停的……」。 2.本課習作中也有一些寫字的原則，例如：田、固、閃等字，要先寫外面的字，再寫裡面的字。 3.本課利用疊字，把動作重複，讓文句更加活潑俏皮。例如：點、頭、捶、背。	1.如果時間上許可，尚有一些稱謂詞的形聲字，如：姑、姨、娘，都可以介紹給小朋友。 2.補充材料中有「歇後語」，把它翻成「俏皮話」，讓學生比較容易明白。例如：奶媽抱孩子——別人的。 3.其他生字如：外、來、回都有字謎，老師可活用它。

第七課 我

一、聆聽與說話

(一)語文遊戲：獵人打鳥

1. 本遊戲目的是讓孩子有勇氣大聲說話。
2. 全班先分組，每組約五、六人。
3. 老師以拇指、食指比成一把槍。
4. 對準一組，比槍的動作，同時口中喊出槍聲：砰！
5. 被射的一組大叫：啊！並雙手舉高。（比賽哪一組聲音最大？）
6. 接著二人一組，反覆前項動作，比賽那一組聲音最大。
7. 接著以槍比個人，看那一個人聲音最大。（可重複對同一人）
8. 最後老師比射擊動作時，該生要舉雙手並大聲說：「我的名字是某某某」，音量夠大的學生可以坐下。

(二)看圖說話

以提問方式，引導兒童就課文情境圖，用完整的句子回答問題。

1. 圖畫中有幾個人？（這裡有三個人）
2. 他們可能是誰？（爸爸、媽媽和小孩。）
3. 你們家有幾個人？（我家有○人）

4.你們家有那些人？（我家有爸爸……。）
5.家裡的人你喜歡誰？（我喜歡……。）
6.為什麼你喜歡他呢？

㈢概覽課文

1.學生安靜看一遍課文。
2.教師範讀一遍課文。
3.教師領讀課文。
4.兒童試讀課文。（齊讀、分組讀、個別讀、輪流讀幾句都可）
5.兒童試說大意。

二、閱讀與識字

㈠提出詞語

1.兒童舉手提出本課語詞，教師補充並將所有語詞書寫在黑板上。
2.教師範念後，再領念並矯正發音，兒童可全體念，分組念，個別念。

㈡詞義教學

1.**我的**：用示意法教學。老師指著書包、鉛筆、衣服……等舉例說明：書是我的或我的書。
（，象形字。字像古時候，旗子立在戈兵之上，表示所屬。戈，兵器，甲骨文作。）

2. **名字**：用例句示意。例：他的名字是李四九，我的名字是王西田。
（注意：名字的字雖然讀成輕聲，但不可寫成名子。）

3. **爸爸**：用課文的圖片示意。例如：他是李四九的爸爸。

4. **大我四十九**：比我大四十九歲的意思。大，「**大**」，象形字。像一個人伸長雙手雙腳。

5. **媽媽**：用課文的圖片示意。例如：她是李四九的媽媽。

6. **叫我**：用動作示意。老師喊王西田的名字，請王西田說：老師叫我。可反覆二、三次，讓兒童明白。

7. **他們**：二個人以上可以用「們」。他們，老師可請二個人起立，然後說：「他們」……。再多請幾個人，一直到請全部的人都起立，這都是「他們」的意思。

8. **愛我**：愛，很喜歡；用心很深的喜歡。用例句示意，例如：爸爸愛媽媽。媽媽愛我。

㈢字形教學

1. **習寫字**：我（戈部） 的（白部） 名（口部） 字（子部） 爸（父部）
大（大部） 媽（女部） 叫（口部） 他（人部） 久（丿部）

2. **認讀字**：們（人部） 愛（心部）

3. 久字，外型像一個三角形。

4. 寫「媽」「叫」「他」「們」，左邊字可寫小一點，右邊寫大一點。

5. 爸，是個「形聲字」。引導兒童閱讀語文活動第43頁。

6. 媽，是個形聲字。引導兒童閱讀習作A本㈠。

三、閱讀與寫作

㈠內容深究

引導兒童就課文內容回答問題。

1.在課文中，「我」是叫做什麼名字？（我叫做李大有）
2.爸爸比李大有大幾歲？（爸爸比李大有大四十九歲）
3.在課文中，媽媽怎麼叫小孩？（媽媽叫他小九九）。
4.爸爸媽媽愛他們的小孩嗎？你怎麼知道？（爸爸媽媽愛他們的小孩）（他們愛他久久久）
5.你爸爸媽媽叫你什麼？
6.你有小名嗎？
7.你家有哪些人？

㈡練習朗讀課文

1.老師領念課文。
2.指定小朋友念、分組念。
3.鼓勵小朋友回家念給家人聽或是和家人一起念，並給予機會上臺念給大家聽。

㈢形式深究（僅供教師參考）

1.章法：
⑴本課文體是兒歌。用一個趣味的故事，巧妙的押「ㄡ韻」，讓兒歌活潑有趣。
⑵課文大意：敘述一個叫做李大有的小孩，爸爸大他四十九歲，媽媽叫他「九九」，爸爸媽媽都很愛他。這是一個真實的故事。

(3) 結構分析：

我的名字
- 先說——自己的名字
- 再說——爸爸和他的事
  - 媽媽和他的事
- 後說——爸爸媽媽愛他

(4) 主旨：教小朋友介紹家人。

2. 句子：

(1) 我的名字是……

我的名字是李大有。（習寫語文活動念一念、說一說）

(2) ……大我……

媽媽大我二十歲。（習寫習作A本㈢）

(3) ……的……

我的名字。

四、教學資料庫

㈠ 習作解答參考

1. 習作A本㈡：①ㄇㄥˊ，名人；②ㄅㄚˋ，爸爸；③ㄞˋ，愛心；④˙ㄇㄣ，人們；⑤ㄐㄠˋ，叫我。
2. 習作A本㈢：視實際情況填寫。
3. 習作B本㈠：媽媽的皮包；爸爸的領帶；我的腳踏車；馬的馬鞍。

4.習作B本(二)：太↓大；天↓大；本↓木。

(二)補充資料

1.猜謎語：少一天。（猜一字：大）

2.猜謎語：口念ㄐ。（猜一字：叫）

3.猜謎語：門邊有一個人。（猜一字：們）

4.背景故事：

有一對夫妻年紀很老才結婚。有一天，先生對太太說：「四九的娘！四九的娘！」太太很納悶，問先生：「誰是四九？」先生說：「梁祝故事中，梁山伯、祝英台的跟從，不就叫做銀心、四九嗎？」「是啊！那和我有什麼關係？」先生說：「日本有個武士名將叫做山本五十六，他的父親五十六歲生他，所以叫他山本五十六。我四十九歲要生個小孩，叫蔡四九。」果然，蔡先生四十九歲生了一個小孩，取小名叫小四九。

第八課 哥哥

一、聆聽與說話

(一)語文遊戲：八哥愛說話

1. 全部的小朋友扮演八哥。告訴小朋友，八哥是一種會模仿人說話的鳥類。
2. 老師扮演人類。
3. 小朋友全部起立，並舉手扮演八哥。
4. 老師說一句話，模仿過的八哥坐下。
5. 內容可復習舊課文，也可練習新課文。

(1) 昨天我畫了一張畫。
(2) 我的名字是蔡季男。
(3) 我愛說話。
(4) 早安。
(5) 妹妹是個美少女。
(6) 說個不停真多禮。
(7) ……

（程度愈好的小朋友，給的句子愈長，最後，讚美小朋友都是聰明的八哥。）

(二)看圖說話

以提問方式，引導兒童觀察課文情境圖，引導兒童用完整的話回答。

1. 誰會問好？（哥哥會問好）
2. 哥哥說什麼話？（早安、午安、晚安）
3. 早上見面時要說什麼？（早上見面時要說早安。）
4. 中午見面時要說什麼？（中午見面時要說午安。）
5. 晚上見面時要說什麼？（晚上見面時要說晚安。）
6. 離開時要說什麼？（離開時要說再見。）
7. 妹妹說什麼？（妹妹說：「說個不停真多禮。」）

(三)概覽課文

1. 學生安靜看一遍課文。
2. 教師範讀一遍課文。
3. 教師領讀課文。
4. 兒童試讀課文。（齊讀、分組讀、個別讀、輪流讀幾句都可）
5. 兒童試說大意。

二、閱讀與識字

㈠提出詞語

1.兒童舉手提出本課語詞，教師補充並將所有語詞書寫在黑板上。
2.教師範念後，再領念並矯正發音，兒童可全體念，分組念，個別念。

㈡詞義教學

1.**哥哥**：用對比的方式舉例。例如：她是妹妹，她有兩個哥哥。
2.**問好**：用話向人說好。
〈造句說明〉：老師說小朋友好。
3.**早安**：早上見面時問候的話。
4.**午安**：中午見面時問候的話。
5.**晚安**：晚上見面時問候的話。
6.**妹妹**：比哥哥、姊姊小的女生。
〈問答示意〉：在家裡，比你小的女生，同時也是媽媽生的小孩是誰？
7.**說**：舉例說明。例如：老師說，你說。讓兒童自由發表：她說，妹妹說。
8.**個**：表示一個動作。舉例說明，例如：說個不停，叫個不停。
9.**不停**：不休息。造句說明：他唱歌唱個不停。兒童可以自由發表。
10.**真**：很的意思。舉例示意：真美麗，真好吃，真愛我，真討厭，請小朋友自由發表。
11.**多禮**：禮貌太多了。
12.**再見**：和別人分手時說的話，表示希望再一次見面。

㈢字形教學

1. **習寫字：**
哥（口部）　說（言部）
好（女部）　不（一部）
早（日部）　停（人部）
安（宀部）　又（又部）
午（十部）　再（冂部）
妹（女部）

(1)以食指書空練習。
(2)午和牛的差異。

2. **認讀字：**
見（見部）
就（尢部）
問（口部）
晚（日部）
真（目部）
禮（示部）

三、閱讀與寫作

㈠內容深究

1. 引導兒童就課文內容回答問題
(1)什麼時候說早安？（早上說早安）

(2)什麼時候說午安？（下午說午安）
(3)什麼時候說晚安？（晚上說晚安）
(4)什麼時候說再見？（和別人分手時說再見）
(5)妹妹喜歡哥哥嗎？（妹妹喜歡哥哥）
(6)妹妹認為哥哥怎麼樣？（哥哥真多禮）

(二)練習對話

1. 老師領念課文。
2. 老師和全班小朋友相互對話。
3. 指定分組或個別練習對話。
4. 鼓勵小朋友回家和父母練習對話。

(三)形式深究

1. 章法：
(1)本課的**文體**是兒歌。
(2)**全文大意**：哥哥會問好。早安、午安、晚安說個不停真多禮。
(3)**主旨**是說：哥哥會問好。

2. 句子：
(1)句型：[誰] 愛 [什麼事]
誰：李大有。爸爸。媽媽。美少女。八哥。妹妹。
什麼事：吃李子。說話。漂亮。吵個不停。買梨子。騎馬。
(2)習寫本單元語文活動怎麼打招呼。
早上見面說　　午安

中午見面說　再見
晚上見面說　早安
離開了要說　晚安
可以讓兒童自由選「人」，並說出「事」來。

3.結構分析：

哥哥
- 先說：哥哥會問好。
- 後說：哥哥問好的方式。

4.主旨：哥哥問好的情形。

四、教學資料庫

(一)習作解答參考

1.習作A本(二)：八仙過海；二八佳人；七上八下；歪七扭八。
2.習作B本(一)：梨子；多；少；ㄅㄨˋ；ㄅㄨˋ；爸爸；早；馬；ㄅㄨˊ；ㄅㄨˊ。
3.習作B本(二)：①我的名字是沙妙雲；②哥哥見人就問好；③媽媽又說個不停。

(二)補充資料

1.猜謎語：
(1)一個太陽是旦。

(2)九個太陽是旭。
(3)十個太陽是早。

2.「不」字的成語：

(1)**一文不值**：沒有價值。
(2)**一毛不拔**：很小氣，不肯付出。
(3)**一言不發**：一句話也不說。
(4)**一成不變**：一點也不改變。

3.不字接第四聲，如：變、胖、瘦，讀二聲。其餘讀四聲。

4.成語介紹：

(1)**八仙過海**：相傳八仙是漢鍾離、張果老、韓湘子、鐵枴李、呂洞賓、曹國舅、藍采和、何仙姑等八人。比喻各有各的辦法。
(2)**二八佳人**：十六歲的美少女。例：妹妹是二八佳人，迷倒很多男生。
(3)**七上八下**：心頭很亂。例：第一天上學，他心頭七上八下很害怕。
(4)**歪七扭八**：東西很亂。例：他寫的字歪七扭八。

5.念兒歌：

八十奶奶的門口有八十八個瓜。
八十八隻八哥要到八十奶奶的門口去吃八十八個瓜。
八十奶奶不叫八十八隻八哥吃八十八個瓜，
八十八隻八哥不停的叫爸——爸——爸——。

第九課 奶奶和爺爺

一、聆聽與說話

(一)語文遊戲：猜猜我是誰

1. 老師準備十張紙，寫上圖畫字典中的十個人。例如：老師、爸爸、媽媽、……。
2. 將同學分成二組，各組推一名最會表演的同學上台，每名同學抽得五張人稱的詞卡。
3. 由該名同學表演動作，讓其他同學猜，同學可發問。例如：是男生？年紀大的？……表演的人只能用動作，不能用語言回答，問的人只能用國語。
4. 時間最短，最快完成的組獲勝。

(二)看圖說話

以提問的方式，引導兒童觀察課文情境圖，引導兒童用完整的話來回答。

1. 圖畫裡有幾個人？（圖裡有四個人。）
2. 作者在做什麼？（作者扶奶奶到外面走一走。）
3. 奶奶快樂嗎？（奶奶很快樂。）
4. 回來以後，他們在做什麼？（姐姐幫奶奶捶背。）
5. 爺爺快樂嗎？為什麼？

(三)概覽課文

1. 學生安靜看一遍課文。
2. 教師範讀一遍課文。
3. 教師領讀課文。
4. 兒童試讀課文。（齊讀、分組讀、個別讀、輪流讀幾句都可）
   另外可以讓二人一組，依文中的兩個角色對念。
5. 兒童試說大意。

二、閱讀與識字

(一)提出詞語

1. 兒童舉手提出本課語詞，教師補充並將所有語詞書寫在黑板上。
2. 教師示範教念，再領念並矯正發音，兒童可全體念，分組念，個別念。

(二)詞義教學

1. **扶：**用手支住，使人、東西不會倒下去。可請同學動作示意更容易明白。
2. **奶奶：**指爸爸的媽媽，又稱祖母。第二個字要讀輕聲。奶是個形聲字，从女，乃聲。
3. **外面：**屋子以外的地方。可用筆畫一房子，房子外的就是外面。亦可比教室的裡面、外面。或畫盒子，比裡面、外面。
4. **走一走：**老師用動作示意。可請小朋友站起來，口說：走一走，一邊做動作。走是一個象形字。（，上面是一個人手臂前後擺動。，，就是腳的形狀。走路時，腳要動，手也要動。）

5. **樂得**：快樂的樣子。請小朋友表演樂的樣子。

樂，象形字。

得，用在動詞和補語中間。

（，大鼓小鼓架在木架上。）

6. **點點頭**：用動作示意。請小朋友一邊說，一邊做。

7. **回來**：從別的地方到原來的地方。請一個小朋友走到教室後面，再叫他回來。

8. **姐姐**：以圖片比對示意。為方便小孩學字，台灣漸將「姊」字改為「姐」，姐可替代姊。

9. **捶背**：用動作示意。捶與搥字相通。

10. **爺爺**：爸爸的爸爸，或稱為祖父。

11. **換我**：改由我的意思。可請二位小朋友表演捶背，另外再請一位小朋友說「換我」，接替前位小朋友。

㈢字形教學

1. **習寫字**：奶（女部） 得（彳部）
爺（父部） 回（口部）
扶（手部） 來（人部）
外（夕部） 姐（女部）
走（走部） 換（手部）

2. **認讀字**：面（面部） 頭（頁部）
樂（木部） 捶（手部）
點（黑部） 背（肉部）

3. 教學時，可讓小朋友比較筆畫多的字和筆畫少的字，那一種寫起來比較占大的空間。例如：爺、換、捶、樂、點、……會較占空間。例如：田、日、月、匹、回、……會比較占小的位置。不一定把每一個字寫得一樣大。

4. 指導本單元語文活動第55頁。

三、閱讀與寫作

(一)內容深究

引導兒童就課文內容回答問題。

1. 作者和奶奶到外面做什麼（作者扶奶奶到外面走一走。）
2. 外面是指哪裡？（外面是指街上、院子、附近的公園……。）
3. 奶奶為什麼點點頭？（奶奶很快樂。）
4. 姐姐在做什麼？（姐姐走來捶捶背。）
5. 為什麼要捶背？（奶奶走累了……。）
6. 爺爺說什麼？（換我！換我！）
7. 換我是什麼意思？（換爺爺幫奶奶捶背，或換姐姐幫爺爺捶捶背。）兩個答案都對。

(二)練習朗讀課文

1. 老師領念課文。
2. 指定小朋友念、分組念。
3. 鼓勵小朋友回家念給家人聽或是和家人一起念，並給予機會上臺念給大家聽。

㈢形式深究（僅供教師參考）

1. 章法：

(1)本課**文體**以兒歌形式寫出家人相處的情形。

(2)本文大意：我扶奶奶到外面走一走，奶奶很快樂，回來後，姐姐幫奶奶捶背，爺爺也想捶背。

(3)結構分析：

奶奶和爺爺
- 先說——我扶奶奶的情形
- 再說——姐姐來捶背的情形
- 後說——爺爺也要捶背

(4)主旨：家人在一起是很快樂的事。

2. 句子：

(1) 扶……

我扶奶奶外面走一走。

(2) ……走來……

姐姐走來捶捶背。

(3) ……不停的……

爺爺不停的說：「換我！換我！」

三個句型，可用圖畫字典中的十個人物來替換。

3. 詞語練習：

(1)利用疊字，把動作詞重複，讓文句更活潑俏皮。老師可讓小朋友念一次「點頭」、「捶背」，和「點點頭」、「捶捶背」，比較其不同。

(2)本課語文活動延伸前面的文章。天「上」、樹「上」、水「裡」，語尾詞，讀時要讀輕聲。上，上面。裡，裡面。馬上，指馬的上面。也可當做現在、立刻的意思。

四、教學資料庫

(一)語文活動解答參考

1.第54頁：爸爸；奶奶；吵我；哥哥；妹妹；換水。

(二)習作解答參考

1.習作A本(一)：

期：□□ 左右一樣大 —— 粒頭妹外

後：□□ 左小右大 —— 沙得媽個停

數：□□ 左大右小 —— 那到

(三)補充資料

1.女是一個女孩彎膝低頭的樣子，是象形字。媽、奶、姐、妹、姑、姨、娘、……等人稱詞，都是形聲字。左邊表示是女子，右邊的字是表示叫她們的聲音。

2.父，是會意字。由又和丨兩字合成。又，指手。丨念ㄍㄨㄣˇ，說文解字：上下可通行。丨是一個指事字，指一個可通行的東西。在家中，父親的「手」拿著「丨」。丨可以是棍子、火把……。爺、爹、爸都是形聲字。

3. 俏皮話：奶媽抱孩子——「別人的」。例：你要得到那個西瓜，是奶媽抱孩子——「別人的」。

4. 猜謎語：夕陽下卜卦。（猜一字：外）

5. 猜謎語：十字架下有三人。（猜一字：來）

6. 猜謎語：大口包小口。（猜一字：回）

7. 念兒歌：

大魚不來，小魚來；
小魚不來，蝦米來。
蝦米來了，小魚來；
小魚來了，大魚來。

總說

第四單元　春天

本單元以不同的方式角度，描述春天。引導學生觀察植物在春天的生長，聆聽萬物在春天所發出的聲音，以及感受春天氣候所帶來的不同感受，發現春天的美麗。俗話說：「一年之計在於春」，在學生用心體會春天的來臨時，也可以好好的規劃新的一年。

在這個單元中有二首詩歌，第十課的「春天來了」，以擬人的方式描寫花草的生長，生動有趣。第十一課「誰的耳朵好」，以動物耳朵不同的特性，寫出春天的聲音，有理性的科學知識，也有感性的詩歌趣味。第十二課「今天早上不一樣」，從頭到尾沒有點明不一樣的地方在哪裡，讀者必須從文中尋找答案，構成閱讀的趣味。

在教學時，應指導學生學會觀察事物的特色，並說出自己對季節變化的感受。

十、春天來了

教材說明

1. 本課文體是詩歌，描述春天花草生長的情景。
2. 語文活動的「變一變」中，把字分成幾個不同的部分，幫助識字，並提供簡單的部首概念。
3. 語文活動的「寫一寫」中，引導學生觀察圖畫，並說出正確的顏色。
4. 習作B本中，練習描述春天景物的改變以及自己的感受。

教學重點

1. 學習描述春天景物的變化。
2. 本課的重要句子是「……長滿……」、「……和……在……」、「……和……，誰會……」。
3. 練習描述正確的顏色。
4. 本課利用疊詞，將一個字的形容詞語變成兩個字，強調詞義以及朗讀時的節奏感。

教學建議

1. 引導學生先說一說冬天的景物，再對照此時春天的景致，以便更正確的說出春天所帶來的種種改變。
2. 可讓學生分別讀出一個字及兩個疊詞的形容詞語，比較不同的感覺。

十一、誰的耳朵好

教材說明	教學重點	教學建議
1.本課的文體是詩歌。 2.本詩藉著大自然中，動物的耳朵各有不同的外形與功能，寫出和春天相關的童趣。 3.作者用好高好高，好低好低的形容詞修飾聲音，替代了高頻與低頻等艱深的詞語，也可讓兒童學會重疊的形容詞。	1.本課的重要學習句子有：「……就……」「……跟著……」「……來……去……」。 2.本課對中國字外形的比例提出了範字，不是要求小朋友能做到，而是要小朋友注意中國字的書法藝術之美。 3.本課習作，讓小朋友對中國古字也有興趣，至於寫得好壞對錯，並不重要。並提供「預測」策略給小朋友學習中國字中的形聲字原則。 4.習作中運用習過的詞語，組成多樣式的句子，豐富學生的詞語和句子。	1.注意「低」和「底」都是「氐」聲的形聲字。 2.語文遊戲的「猜猜我是誰？」一方面可以展現孩子的表演慾望及才華；一方面也可加強對詞語的認識。詞語也可由小朋友來書寫。

十二、今天早上不一樣

教材說明	教學重點	教學建議
1.本課文體是一記敘文，以故事性的情節，描述春天帶給人不一樣的感受。 2.語文活動第72頁，練習兩個常用的問句。 3.語文活動第73頁，以圖畫輔助識字，指導學生認識簡單的部首。 4.習作中，練習說出完整的問句。	1.學習描述春天給人的不同感受。 2.本課的重要句子是「……到底……」、「……哪裡……」。 3.練習感嘆詞「吧」的用法。 4.練習「在哪裡」、「跑到哪裡」等問位置地點的問句。	1.引導學生先回想冬天的氣候以及當時的活動，再對照此時春天的情形，體會「春暖花開」給人的感受。 2.讓學生在原有的句子加上「吧」，並加以比較。

第十課 春天來了

一、聆聽與說話

(一)語文遊戲：跟著顏色走

1. 本活動的目的是使學生認識顏色、培養聽力及訓練反應力。
2. 方式：老師出口令，學生跟著做。
3. 口令如下：

①用手碰住一個綠色的東西。
②用腳碰住一個紅色的東西。
③用頭碰住一個黃色的東西。
④用屁股碰住一個白色的東西。

4. 請小朋友說一說遊戲感想。

(二)看圖說話

以提問方式，引導兒童觀察課文情境圖，用完整的句子回答問題。

1. 課本中綠綠的，小小的是什麼？
2. 小草長在哪裡？
3. 山坡上開滿了什麼？
4. 小花有哪些顏色？

5. 小草和小花在做什麼？
6. 你覺得圖裡畫的是什麼季節？

(三)概覽課文

1. 學生安靜看一遍課文。
2. 教師範讀一遍課文。
3. 教師領讀課文。
4. 兒童試讀課文。（齊讀、分組讀、個別讀、輪流讀幾句都可）
5. 兒童試說大意。

二、閱讀與識字

(一)提出詞語

1. 兒童舉手提出本課詞語，教師補充並將所有詞語書寫在黑板上。
2. 教師範念後，再領念並矯正發音，兒童可全體念、分組念、個別念。

(二)詞義教學

1. **綠綠的**：請兒童指出教室內什麼東西是綠色的，並說出：「綠綠的××」。
2. **草原**：展示草原圖片。
3. **長滿**：生長茂密。可玩「什麼地方長滿什麼東西」的動腦遊戲，老師說：「頭頂。」學生答：「長滿頭髮。」
4. **小草**：以實物或圖片說明。

5. **紅的花，黃的花：**展示「各色花卉」圖片或實物，請學生指出紅花和黃花。
6. **山坡：**展示山的圖片，指出山頂、山坡、山下的區別。
7. **開滿：**展示「一大片小花盛開」的圖片。

㈢字形教學

以食指書空練習，也可以讓小朋友上臺試寫。

1. **習寫字：**春（日部） 紅（糸部）
綠（糸部） 花（艸部）
原（厂部） 黃（黃部）
長（長部） 坡（土部）
滿（水部） 開（門部）
2. **認讀字：**草（艸部）
向（艸部）
3. 下面的字有相同的部分，教學時讓小朋友比較看看。
①綠、紅：**糸**
②黃、滿：**廿**

三、閱讀與寫作

(一)內容深究

引導兒童回答問題。

1. 小草有什麼特別的地方？
2. 為什麼草原上長滿小草？
3. 山坡上小花有些什麼顏色？
4. 小花和小草為什麼要約會？
5. 小花和小草為什麼要賽跑？
6. 你覺得小花和小草誰跑得快？為什麼？

(二)練習朗讀課文

1. 老師領念課文。
2. 指定小朋友念、分組念。
3. 鼓勵小朋友回家念給家人聽或是和家人一起念，並給予機會上臺念給大家聽。

(三)形式深究（僅供教師參考）

1. 章法：

(1)本課文體是詩歌，主要由三段構成，草原上的小草、山坡上的小花，帶出春天的氣息。

(2)研討課文分段大意、全文大意。

分段大意：第一段：草原上長滿了小小綠綠的小草。

第二段：山坡上開滿了紅的、黃的花。

第三段：小草和小花相約在春天裡賽跑。

全文大意：春天來了，草原上的小草和山坡上的小花要賽跑，看誰跑得快。

(3)結構分析：

春天來了
- 分說——第一段：描述小草
- 分說——第二段：描述小花
- 總說——第三段：小花和小草賽跑

(4)主旨：在春天裡，欣賞滿地綠綠的小草和盛開的小花。

2.句子練習：

(1) ……長滿……

①草原上長滿了小草。
②頭頂上長滿了頭髮。
③石頭上長滿了青苔。

(2) ……和……在……

①小花和小草在春天裡賽跑。
②小鳥和小牛在田裡唱歌。
③哥哥和妹妹在家裡拍球

(3) ……和……，誰會……

①小花和小草，誰會跑得快？
②青蛙和妹妹，誰會跳得高？
③爺爺和奶奶，誰會站得久？

3.詞語練習：

利用「疊字」，將一個字的形容詞語變成兩個字，讀起來節奏感較強又加強詞義。可讓學生讀一讀，比較不同的感覺。

例如：綠的　綠綠的　長的　長長的
　　　小的　小小的　大的　大大的

四、教學資料庫

㈠語文活動解答參考

1. 第59頁：綠；化；好；皮。
2. 第61頁：白白；綠綠；紅紅；黃黃。

㈡習作解答參考

1. 習作A本㈠：①水裡；②田裡；③山坡；④山坡；⑤田裡。
2. 習作A本㈡：唱歌；小馬；小牛；吃草。
3. 習作B本㈠：①黃黃的；②白白的；③紅紅的；④綠綠的；⑤白白的。
4. 習作B本㈡：小草；小花；小鳥；姐姐或妹妹。

㈢補充資料

1. 創意思考：
(1)春天來了，草原上除了小草，還有什麼東西？
（蝴蝶、蜜蜂、瓢蟲、小花、兔子、小鹿、獅子等）
(2)小花和小草約會時，除了賽跑，還會做些什麼事？
（跳舞、唱歌、做日光浴等）

2.童詩一首：春天來了

春天來了，
小草換上了綠綠的新衣，
小花換上了七彩的新衣。
春天來了，
小草和小花最開心，
因為
他們在一起跳著春之圓舞曲。

第十一課 誰的耳朵好

一、聆聽與說話

(一)語文遊戲：猜猜我是誰？

1.準備十幾張詞卡，例如：皮球、溜滑梯、唱歌、說話、大樹、禮物、星星、雪人、美女、紅花、大象，小狗、小鳥、耳朵。

2.小朋友分成數組。請幾名學生上台抽卡。抽到詞卡的小朋友上台表演詞的內容（表演者不可說話），由各組搶答，答對最多的組獲勝。

（表演的技巧是：如果三個字，就先比三，然後再利用各種方式比出詞的內容；答對後，可把詞卡張貼黑板）

(二)看圖說話

根據課文情境圖引導。

1.圖畫中有哪些動物？

2.這些動物中，哪一種動物的耳朵最大？

3.哪一種動物的耳朵最小？

4.你認為除了小鳥，誰的耳朵可以聽到春天的聲音？（每一種動物都有可能）

(三)概覽課文

1. 學生安靜看一遍課文。
2. 教師範讀一遍課文。
3. 教師領讀課文。
4. 兒童試讀課文（齊讀、分組讀、個別讀、輪流讀幾句都可），另外可以讓二人一組，依文中的兩個角色對念。
5. 兒童試說大意。

二、閱讀與識字

(一)提出詞語

1. 兒童舉手提出本課詞語，教師補充並將所有詞語書寫在黑板上。
2. 教師範念後，再領念並矯正發音，兒童可全體念、分組念、個別念。

(二)詞義教學

1. **大象：**用圖片示意。大象可以聽到頻率最低的聲音。象，是個象形字，可從習作「看一看、畫一畫」來說明。
2. **耳朵：**是負責聽的器官。用實物示意，可請小朋友抓抓自己的耳朵。耳是個象形字—。朵：ㄉㄨㄛ˙，原來是植物的花，後來成為一個數量的詞。例如：一朵。念時讀輕聲，會比較輕快順暢。
3. **聽得到：**聽到，可用例句示意。例如：敲桌子，ㄎㄡ ㄎㄡ ㄎㄡ，問學生聽得到嗎？學生會回答：聽得到。

4. **很低**：很低的意思，可用發聲的方式讓學生比較高低。例如：Do的啊，和Si的啊！也可用身高、桌椅等實物來比較。大提琴、低音喇叭聲音很低；笛子、三角琴聲音很高。

5. **聲音**：東西振動時出現的音。老師可用敲杯子、搖椅子的方式，再告訴學生：這是聲音。音（猜字謎：立正一整天）言（ㄧㄢˊ）和一合起來。成為音（ㄧㄣ）。一，是有節奏的聲音。和一般的說話不一樣。

6. **小狗**：用圖片示意。（可參考習作：看一看，畫一畫。）

7. **很高**：很低的相反。可以用身高或聲音做個比較。

8. **看不見**：看不到。

9. **但是**：不過，可是的意思。但（猜字謎：人只做一天。）

10. **唱**：發出歌聲，如唱歌。老師可以請小朋友上臺唱歌。

㈢字形教學

1. **習寫字**：
   - 耳（耳部）　看（目部）
   - 朵（木部）　見（見部）
   - 很（彳部）　但（人部）
   - 低（人部）　唱（口部）
   - 音（音部）　起（走部）
   - 狗（犬部）　歌（欠部）

2. **認讀字**：
   - 誰（言部）　到（魚部）
   - 象（象部）　聲（耳部）
   - 聽（耳部）　高（高部）

3.見和貝字的差異，只在最後一筆，見字的最後一筆是乚。

三、閱讀與寫作

(一)內容深究

就課文內容引導兒童回答問題。

1.動物中誰的耳朵最大？
2.人的耳朵可以聽到每一種聲音嗎？
3.有些聲音好高好高，人聽不到，誰能聽得到？（狗、海豚、蝙蝠。）
4.有些聲音很低很低，人聽不到，誰能聽得到？（大象）
5.誰的耳朵會隨聲音轉來轉去？
6.那些動物的耳朵小，我們會看不到？（小鳥、魚。）
7.誰聽到了春天的聲音。（所有的動物。）
8.誰的耳朵好？（只要說得有理就可以。）

(二)練習朗讀課文

1.老師領念課文。
2.指定小朋友念、分組念。
3.鼓勵小朋友回家念給家人聽或是和家人一起念，並給予機會上臺念給大家聽。

(三)形式深究（僅供教師參考）

1.章法：

(1)本課的文體是詩歌。作者能將很有趣的自然現象，用詩歌呈現各種動物的聽力，並巧妙的和春天結合，使這首詩歌感性、理性兼具。

(2)探討課文分段大意及全文大意：

分段大意：第一大段：說大象、小狗、小貓、小鳥的耳朵和聽的能力。

第二段：說誰的耳朵好？

全文大意：說一說大象、小狗、小貓、小鳥耳朵的不同，和聽的能力也不同。

(3)結構分析：

誰的耳朵好
- 分說
  - 大象
  - 小狗
  - 小貓
  - 小鳥

  的耳朵
- 總說──誰的耳朵好。

(4)主旨：春天時動物聽到各種聲音會有各種反應。

2.句子練習：

(1) ……跟著……

小狗跟著大狗跑來跑去。

(2) ……就……

春天來了，小鳥就唱起歌來。

3.詞語練習：

□來□去，上面接動作的詞。請參考習作A本。

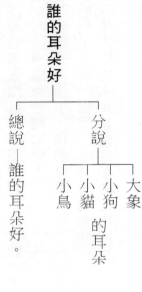

游、飛、變、跑、走、看、唱……。

四、教學資料庫

㈠語文活動解答參考

1. 第65頁：大鳥；來；去。大牛；走來走去。
2. 第66頁：歌、小草、紅花。

㈡習作解答參考

1. 習作A本㈠：讓學生畫，只是好玩，像不像，對不對都無所謂。
2. 習作A本㈡：耳朵；苗；錨。
3. 習作B本㈠：①小小的；②低低的；③山坡下；④後面。
4. 習作B本㈡：1.③；2.②；3.①；4.⑤；5.④。

第十二課 今天早上不一樣

一、聆聽與說話

(一)語文遊戲：一樣不一樣

1.學生兩兩猜拳，贏的人可以「出招」。

2.贏的人一邊比出動作（如摸頭、舉手、蹲馬步⋯），一邊說「一樣」或「不一樣」，「接招」的人聽到「一樣」就要做一樣的動作，聽到「不一樣」，就要做不同的動作。

3.「接招的人」通過考驗，兩人重新猜拳再玩一次，要是沒通過，贏的人可以再出招。

(二)看圖說話

以提問方式，引導學生觀察課文情境圖並回答問題。

1.你在圖中看到誰？他在做什麼？（小牛，在玩水。）

2.小牛的表情怎麼樣？（自由發表）

3.小牛玩水時，天氣怎麼樣？（太陽照著，春風吹著，天氣變暖和了！）

4.你知道為什麼今天早上不一樣嗎？（春天到了，天氣變暖了，和冬天不一樣。）

5.你喜歡春天嗎？為什麼？（自由發表）

6.你是怎麼發現春天已經來到？（自由發表）

(三)概覽課文

1. 學生安靜看一遍課文。
2. 教師範讀一遍課文。
3. 教師領讀課文。
4. 兒童試讀課文。（齊讀、分組讀、個別讀、輪流讀幾句都可）
5. 兒童試說大意。

二、閱讀與識字

(一)提出詞語

1. 兒童舉手提出本課詞語，教師補充並將所有詞語書寫在黑板上。
2. 教師範念後，再領念並矯正發音，兒童可全體念、分組念、個別念。

(二)詞義教學

1. **門**：實物說明，並請一位學生打開門，再關起門。
2. **不一樣**：不同。可以任意指出兩樣教室中的東西，請學生指出有哪些不一樣的地方。
3. **哪裡**：表示詢問的指示代名詞或形容詞。教師舉例說明：你家在哪裡？
4. **玩**：遊戲。請學生說一說，自己喜歡玩的遊戲。
5. **河邊**：小河旁邊。以圖片說明，並延伸舉例，如：「桌子邊」、「走道邊」、「路邊」。
6. **天氣**：氣候。請學生說一說自己最喜歡的天氣。
7. **太陽**：以實物或圖片說明。請學生說一說曬太陽的感覺。

8. **空中：**天空中。請學生說說看，哪些小動物會在空中飛。
9. **微微的：**稍微、略微的意思。請兩位學生分別表演「微微的笑」與「哈哈大笑」的樣子。
10. **春風：**春天的風。教師舉例說明：春風吹起來暖暖的。
11. **輕輕的：**動作輕巧的意思。請學生表演：「輕輕地走路」和「重重地走路」的樣子。
12. **冬天：**季節的名稱。請學生說一說，冬天時街上的景色怎麼樣。

(三)字形教學

以食指書空練習。

1. **習寫字：**門（門部）　中（丨部）
　真（目部）　笑（竹部）
　太（大部）　著（艸部）
　陽（阜部）　風（風部）
　在（土部）　冷（冫部）
　空（穴部）　冬（冫部）
2. **認讀字：**樣（木部）　抬（手部）
　出（凵部）　氣（气部）
　家（宀部）　跑（足部）
3. 哪、吧都是口部。
4. 「陽」字右邊為「昜」，中間有一橫，不是「易」。

三、閱讀與寫作

(一)內容深究

引導兒童回答問題。

1.小牛走出家門，說了什麼？
2.小牛坐在哪裡？
3.小牛又說了什麼？
4.天氣好的時候，你會想做什麼活動？
5.小牛玩水時，天氣怎麼樣？
6.你知道今天早上為什麼不一樣嗎？

(二)練習朗讀課文

1.第一段要念出輕快活潑的感覺，第二段可以讀慢一些，表現春天給人的溫和感覺。
2.老師領念課文。指定小朋友念、分組念。
3.鼓勵小朋友回家念給家人聽或是和家人一起念，並給予機會上臺念。

(三)形式深究（僅供教師參考）

1.章法：
(1)本課文體是記敘文。以小動物為主角，描述春天來了，帶來了改變。從頭到尾沒說出「到底哪裡不一樣」，增加閱讀時的趣味性。
(2)研討課文分段大意、全文大意：
分段大意：第一段：小牛早上走出家門，覺得今天早上不一樣。

第二段：小牛坐在河邊石頭上玩水，

第三段：天氣變暖了，今天早上真的不一樣。

全文大意：小牛發現今天早上不一樣，原來是春天來到了。

(3)結構分析：

今天早上不一樣
- 分說—第一段：小牛的發現
- 分說—第二段：小牛的活動
- 總說—第三段：今天不一樣的地方

(4)主旨：春天的天氣暖和，適合活動，和冬天不一樣。

2.句子：

(1)……哪裡……

①小狗跑到哪裡去？

②請問你家在哪裡？

③請問哪裡有圖書館？

3.詞語練習：

(1)玩玩水

吹吹風

說說話

(2)「吧」字的練習：「吧」字加在句子的後面，用來表示商量或請求的語氣。

①今天天氣真好，我來玩水吧！

②這個東西就交給我吧！

③天黑了，我們快回家吧！

四、教學資料庫

㈠語文活動解答參考

1. 第72頁：南瓜；西瓜；小狗；小馬。
2. 第73頁：門；停；扶；吧。

㈡習作解答參考

1. 習作A本㈠：①冬天；②春風；③空中；④太陽。
2. 習作A本㈡：①有什麼不一樣？②會不會唱歌？③誰的耳朵大？④紅花還是黃花？
3. 習作B本㈠：①牛；②冬；③氣；④太；⑤玩；⑥冷。
4. 習作B本㈡：一匹；樹上；有一點。

㈢參考資料

1. 創意思考：
   (1)春天來了，有哪些地方會不一樣？
   （天氣、植物、動物、人們的活動……）
   (2)誰會最先知道春天來的消息？為什麼？
   （鴨子，因為鴨子要游水，可以知道水變暖了。
   雪花，因為雪花會融化……）
2. 短文一篇：
   小牛跳進河裡，
   在河裡洗了個澡。

一隻小鳥飛到他的背上，
快樂的唱起歌來。
小牛說：你唱的歌真好聽，
讓我的心情變得更好！

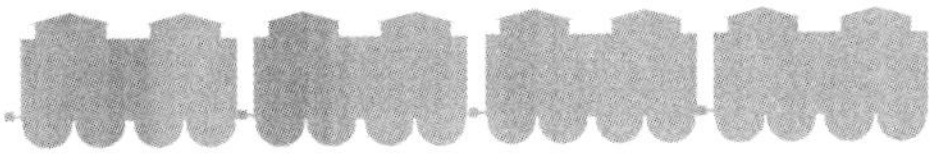

國家圖書館出版品預行編目資料

全新版華語：教學指引 = Easy Chinese / 蘇月英等編撰. -- 臺三版.
-- 新北市新店區：流傳文化, 2010.04-
冊；　公分
ISBN 978-986-7397-38-6（第1冊：平裝）
ISBN 978-986-7397-39-3（第2冊：平裝）
1. 漢語 2. 讀本
802.85　　98025459

全新版華語教學指引第一冊

總 主 編◎蘇月英
編撰委員◎蘇月英、李春霞、胡曉英、詹月現、蘇　蘭
吳建衛、夏婉雲、鄒敦怜、林麗麗、林麗真
美術設計◎利曉文
封面設計◎賴佳玲
發 行 人◎蔡繼興
出版發行◎流傳文化事業股份有限公司
地　　址◎（231）新北市新店區復興路43號4樓
電　　話◎（02）8667-6565
傳　　眞◎（02）2218-5221
郵撥帳號◎19423296
網　　址◎http://www.ccbc.com.tw
E-mail:service@ccbc.com.tw
香港分公司◎集成圖書有限公司 — 香港皇后大道中283號聯威商業中心8字樓C室
TEL：(852)23886172-3 · FAX：(852)23886174
美國辦事處◎中華書局 — 135-29 Roosevelt Ave. Flushing, NY 11354 U.S.A.
TEL：(718)3533580 · FAX：(718)3533489
日本總經銷◎光儒堂 — 東京都千代田區神田神保町一丁目五六番地
TEL：(03)32914344 · FAX：(03)32914345

出版日期◎西元2010年4月臺三版一刷（50139）
西元2015年8月臺三版五刷

分類號碼◎802.85.059
ISBN 978-986-7397-38-6

定　　價：110元